DARK MATTER

MÖRK MATERIA

by Aase Berg
translated by Johannes Göransson

Black Ocean
Boston · New York · Chicago

The cost of this translation was defrayed by a subsidy from the Swedish Arts Council, gratefully acknowledged.

Black Ocean
P.O. Box 52030
Boston, MA 02205
www.blackocean.org

ISBN 978-0-9844752-8-5

Library of Congress Cataloging-in-Publication Data

Berg, Aase, 1967-
  [Mörk Materia. English]
  Dark Matter / Aase Berg ; translated by Johannes Göransson.
    pages cm
  ISBN 978-0-9844752-8-5 (pbk. : alk. paper)
  I. Göransson, Johannes, translator. II. Title.
  PT9876.12.E55M6713 2013
  839.71'8--dc23
                                    2012044699

First Printing, 2013

TABLE OF CONTENTS

SHAFT

BREATHS OF AIR –
VARYING DEGREES OF RELIEF

THE DOVRE FILLING

ANTIBODY

INTRODUCTION

Aase Berg (b. 1967) became involved in poetry as a young member of the Surrealist Group of Stockholm in the mid 1980s. This radical artistic and political group drew on the ideas and practices of the historical surrealist movement and related writers such as George Bataille, Antonin Artaud, and Marquis de Sade, as well as more contemporary radical political theorists.

In the early 1990s, Berg started reading more modern women poets, such as Sylvia Plath and contemporary Swedish poets Eva Kristina Olsson and Ann Jäderlund (whose prose poems from *Snart går jag i sommaren ut* are an important influence on Berg's prose work). Perhaps, most importantly, she befriended Rut Hillarp, a feminist, avant-garde figure from the 1940s and 50s, who served as her mentor.

In addition, Berg has been deeply influenced by horror: horror movies, b-movies, and H.P. Lovecraft (whose work she's been translating for years). All of these influences can be seen in the violent, grotesque, intense imagery and the ecriture-femine-like linguistic deformation zones of her first two books, *Hos rådjur* (1997) and *Mörk materia* (1999).

These two early books are closely related. As Berg explained to the online journal *Double Room*:

As my two first books were in many ways waking dream hallucinations . . . The things I wanted to show were accompanied by a pounding rhythm. And they were almost sickeningly kitschy. The rhythmic and screamily exaggerated word-images gave birth to the form.

However, there are significant differences between the two volumes. To begin with, *Mörk materia* is far more dense and intense, longer, and more ambitious. It forms a semi-narrative (or a series of movements) that take the main characters (the speaker, possible lovers) through a series of strange incarnations and permutations in exotic locales (sometimes as plants, sometimes as people, often as hybrids). It also moves through a lot of sources texts (*The Texas Chainsaw Massacre*, *The Golem*), and source languages (geologic taxonomy, English language, astronomic terms).

One source of this semi-narrative is Swedish modernist and Nobel laureate Harry Martinsson's sci-fi parable, *Aniara*. In this book-length poem, "Aniara" is the name of a ship that has accidentally been ejected from the solar system and is drifting endlessly about the universe. To keep the passengers' moods up, the ship's computer, Miman, broadcasts exotic images of foreign plants to the passengers. However, one day Miman comes upon images of earth's destruction, which causes it to short-circuit with pain, leaving the passengers to their own devices.

As Daniel Sjölin has noted, one major difference between Berg's book and Martinsson's is that Martinsson gives us the framework around the exotic images, but not the images themselves. Berg gives us the images: "Miman was finally allowed to speak!"

But it's impossible not to see the similarities between Martinsson's epic and Berg's work. At times Berg's speaker— as well as the book itself—appear to be something like incarnations of Miman, as the disaster-image-overload pushes the book toward a total breakdown.

One poem in *Mörk materia* is in fact called "Aniara," and here Aniara "glows over lake and beach" while an unnamed mother-figure is trying to collect the "black foam" that is both the milk she feeds her breastfeeding child and what is "coming out of her nose." Like Celan's "black milk" of genocide, Berg's black milk seems to be both a literalization of disaster and a trope for mediumicity itself.

The fact that the ship is glowing in the sky, separate from the horrors of the mother and her infant is notable. Martinsson's book has been read as an allegory for all kinds of events that were taking place around the time of its composition: most importantly atomic warfare, the destruction of Hiroshima, and the escalation of the Cold War. Berg's book likewise invokes a number of contemporary crises: the Balkan War, environmental

disasters, and the stumble of the Swedish welfare state. However, Berg's book does not lend itself to allegorical readings the way Martinsson's does. It is, so to speak, not glowing in the sky above the disaster, but moving through these disastrous images, just as it moves through Martinsson's book and a number of other source texts. It is perhaps a Bataillean "headless allegory;" or, in Manny Farber's famous formulation, it is "termite art," not "White Elephant Art."

One thing that Berg finds in Martinsson is his use of neologisms and nonsense language, dreamt up to capture the jargon of the future. In Berg's book such deformations go into overdrive, something that makes her work both a joy and a difficulty to translate. In "4.5 In Reactor," we get a whole array of scientific and pseudo-scientific terminology, for example the technical geology term "korngräns" (grain boundary). But to make matters even stranger, it is jammed together with the word "hud" (skin) into the neologism "korngränshuden" (grainboundaryskin), creating a kind of double-exposure of geology and the human body within one intensively unstable word. The text is full of such breaking down and forging of words. And, as I've noted in the past, this extreme use of neologisms also breaks down seemingly standard terms like "kräldjuren" (in the same poem), the standard term for reptile, so that I read it for its components "kräl" (crawl) and "djur" (animal), as "crawlanimal." The deformations do not just lead

to strange new words, they draw out the strange inside of the "standard Swedish."

As with scientific jargon, the use of puns and language experiments are commonly associated with an aesthetic of distance and irony. As I hope you can tell from this example from "4.5 In Reactor," this is not the case in *Mörk materia*, an unrelentingly intense book, a book that according to Sjölin is "the masterpiece of modern Swedish lyrical poetry" despite being in prose. *Mörk materia* brilliantly breaks down conventional wisdom about art, poetry, language, and politics.

I should also mention that *Mörk materia* was first published with a series of collages by the late artist Tom Benson , and that there were a series of "portals" on the Internet, through which one could enter the book so to speak—images, bits of scientific texts. Both of these suggest the great permeability of this text-body, which is shot through with the technologies and disasters it in turn moves through. These portals have since expired, leaving them like black holes in a mediascape that now also contains its translations.

Om fält och lund låg öde
och inget skydd oss gav
så flöge vi som vindar
strax över dunkla hav

If field and grove lay desolate
and offered us no shelter
we would fly like gusts of winds
just above the gloomy sea

—**Novalis**

Sår split av ensamhet mellan segmenten i den tunga organismen, långsam svävning genom den svarta snäckans tystnad. En förvriden gen hade rest genom kaos, en lätt bristning hade strävat utåt genom fraktalsystemen, bildat kedjor av defekter, laddat rymdens stillhet med allt grövre misstag för att slutligen explodera i en oåterkallelig och oändlig intern vanställdhet. En vanställdhet, en vanskapthet, knappt synlig dog för blotta ögat. En skärva, en vrickning, ett snitt i det strukturella: **ghost in the machine.**

Vi artfränder hade alltid haft en inre slagsida, men inte ens lukten avvek märkbart och det var fullt möjligt för oss att manövrera naturligt. På så sätt var det mycket enkelt för mig att avläsa graden av finkornighet hos de exemplar jag mötte. Några drog sig undan, och jag noterade detta med tyst respekt.

Snäckans gravvalv, materialen andas.
Materiens mörker är bottenlöst.

Wounds split open from loneliness between the segments in the heavy organism, a slow beat through the black shell's silence. A contorted gene had traveled through chaos, a slight rupture had reached out through the ligaments, rushed forth at an accelerating speed through the fractal systems, formed chains of defects, charged the stillness of space with cruder and cruder mistakes before finally exploding in an unrecoverable and eternal internal deformity. A deformity, an aberration, barely visible however to the naked eye. A shard, a sprain, a slit in the structure: **ghost in the machine.**

We of this species had always had an inner capsize, but not even the odor diverged noticeably, and we were fully capable of maneuvering naturally. It was therefore very easy for me to determine grain levels of the samples I encountered. Some pulled away, and I noted this in respectful silence.

The shell's tomb, the materials breathe.
The darkness of matter is bottomless.

SCHAKT

SHAFT

I MÖRKO LANDE

I mörko lande brinner ljus.
Hör Dovres hundar, kalla tjut.
Hör vrålet ur den höga eld,
hör smärtans vingar släpa
över landet.

IN DARKFUL LANDE

Lights burn in darkful lande.
Hear the dogs of Dovre, their cold wails.
Hear the shriek of the tall fires,
hear the wings of pain drag
across the land.

Det mörka Dovre

Nu har jag väntat här på dig i Dovres nätter. Nu har jag väntat rymdens tid att falla in i mig. I dessa åskans nätter skulle du stå vid sidan av mig. Du skulle viska mitt namn vid sidan av mig. Jag skulle sällan höra dig. En morgon skulle jag höra dig.

Nu har jag väntat här intill i Dovres djupa nätter. Jag har släppt kalla stenar i den blå klyftan. Jag har sökt handskas med metall. Jag har rört mig genom ansiktets kornighet. Jag har med fingrar sökt dig genom ansiktsformens aska. Vingpennor har skjutit blodiga ut ur min hand, och jag har släpat mörka fenor genom vatten.

En morgon skulle jag höra dig. Luren stod utspänd och vidgad. Jag skulle höra dina vågor bryta. Jag skulle känna hjärtat skrika, höra landskap vräkas ut ur dig. Där du kom Dovres kött att lysa genom mig. Där du kom skakande och krökt över ditt lyte.

THE DARK DOVRE

Now I have waited for you here in the nights of Dovre. Now I have waited for the time of space to fall into me. In these nights of lightning, you were supposed to stand beside me. You were supposed to whisper my name by my side. I would seldom hear you. One morning I would hear you.

Now I have waited here, close by in the deep nights of Dovre. I have dropped cold stones into the blue chasm. I have tried to handle metal. I have moved through the grains of the face. With fingers I have sought you through the ashes of the facial form. Wing quills have shot bloody out of my hand, and I have dragged dark fins through water.

One morning I would hear you. The horn was set up and folded out. I would hear your waves break. I would feel the heart scream, hear the landscape heave out of you. Where you came to shine the Dovre flesh through me. Where you came shuddering and hunched over your deformity.

URDARHÅLET

Dovres sopraner ylar i berget. På avstånd hör man motorvägen
sjunga. En skräck luktar räv om platsen.

Maskinerna bryter i Dovre. I trakter där skuggorna ruva. Ur
Dovreskrevet myllrar och glittrar de djupgrönt metalliska
ödlorna.

Där dunkla makter bo. Där spök drar karg och oknytt. Där
Våvatn ligger oljesvart bland Gaudomsmyrens hinnor.

Där grundvattnet stiger i klyftan. Där träslottet lyser så ensamt
vid randen av gurglande hålschakt. Maskinerna tuggar i berget
vid Dovre skifferkvarn.

Det svarta hålet här drar till sig tid. Vi har stått levande vid
kanten och känt joner sugas loss, känt magnetismen slita cellerna
ur deras höljen.

Maskinerna väser i grottan. De fladdrande ljuden drar fram
genom Nidaros dimmor. De nedlagda dagbrottens sjöar och
reservoarer. *Här går en tydlig underjordisk gräns.*

Maskinerna gnager i gruvan. Där mannen river remsor ur sitt

The Urdar Hole

The Dovre sopranos are wailing in the mountain. At a distance one can hear the highway sing. A horror stinks fox around the place.

The machines break in Dovre. In regions where shadows brood. Out of Dovre Chasm the deep-green metallic lizards swarm and glitter.

Where gloomy powers reside. Where ghosts sweep barren and unbundled. Where Våvatn lies oil-black among the membranes of Gaudom Marsh.

Where the ground water rises in the rift. Where the wood castle glows so alone at the edge of the gurgling hole-shaft. The machines chew on the mountain at Dovre slate mill.

The black hole here attracts time. We have stood alive at the edge and felt the ions get sucked loose, felt magnetism tear the cells out of their sheaths.

The machines hiss in the cave. The fluttering sounds sweep through the mists of Nidaro. The lakes and reservoirs of the abandoned day quarries. *Here runs a visible underground border.*

svaga muskelhjärta. Där detet kommer krälande i sura paltor, nerspydd och blodfradgande, på tungan snaskande.

Där väldiga basaltströmmar i tröga jättefall i djupet störtar, utför fjällväggen vid Daudebotn.

The machines gnaw in the mine. Where the man tears tatters out of his weak muscle-heart. Where the it comes crawling in sour rags, puke-covered and foaming with blood, munching on the tongue.

Where enormous basalt streams through turgid giant falls crash, down the mountain walls by Daudebotn.

I DOVRE SKIFFERKVARN

Manövrerar kroppen över djupa fällor, över vattenfyllda hål och öppna brunnar, över djurets blöta päls med skräck i ryggen hets. Vassa grenar slår och snärtar blodbarr mot min fingerhud mitt ansikte av blå emalj mot nakna nässelfibrer. På andra sidan smältverket vid randen av den dunkla sjö där ser jag Zachris komma schaktet alltför nära. Jag rör mig närmare mot huvudet trots kedjor klanger matt metall mot den febrila radulan. Här går en tydlig underjordisk gräns en fistelgång mot Mare Imbrium. Jag stöter muskelfästet mot maskinerna som bultar där i såret. Vad ont kan hända dig vad ont kan hända dig här nära tunga vatten. I smedjan Daudekörens pina skenor skriande mot skarpa spett. Kitinstavar, porfyrer, kalla kolkristaller. Och mina stela händer kupade, och mina stela händer kupade kring ytan av ditt svarta kranium.

In Dovre Slate Mill

Maneuver the body across deep traps, across water-clogged holes and open wells, across the animal's wet fur with terror in my neck's frenzy. Sharp branches strike and lash bloodneedles against my finger-skin, my face of blue enamel against naked nettle fibers. On the other side of the smelting plant at the edge of the gloomy lake there I see Zachris move too close to the shaft. I move closer to the head despite the chains clanging dull metal against the febrile radula. Here runs a visible underground border, a fistulation toward Mare Imbrium. I thrust the muscle latch toward the machines that throb there in the wound. What evil may befall you, what evil may befall you here near heavy waters. In the smithy the Daude choir's tortured bolts shrieking against sharp spits. Chitin staffs, porphyry, cold coal crystals. And my stiff hands cupped, and my stiff hands cupped around the surface of your black cranium

Och jag ska vänta på dig inne i den svarta snäckan, Zachris.

And I will wait for you inside the black shell, Zachris.

Vi föddes ur samma däggdjursägg. Vi liknade spädbarn, men våra kroppar var svårt skadade av frakturer. Han var onaturligt äldre än jag—också rent fysiskt hade jag tillbakabildats i ett slags omvänd ontogenes. När jag som en liten ödla kippade efter syre rörde han vid mig med sina brännskadade händer, gav mig namnet "Amfibie." Så tunn att nerver lyste genom den fosterblå huden.

We were born from the same mammalian egg. We looked like infants, but our bodies were badly damaged from fractures. He was unnaturally older than me—and physically I had de-evolved in a kind of reversed ontogenesis. When I as a small lizard gasped for oxygen, he touched me with his burn-damaged hands, gave me the name "Amphibian." So thin that nerves glowed through my fetus-blue skin.

HESEKIEL

HEZEKIAL

LIVSFORM

Ska släpa denna kropp av gelatin, ska piska framåt denna ickeform, ska pressa denna organism av gas genom de grå nejder.

I det glesa vita håret river en sur vind. En vind av ättika och bolmört river i de rasslande ömsade fågelskalen som lämnats kvar tomma och spröda efter att de bultande fågelbölderna dragit vidare mot så kallat liv. Nu ser jag de listiga barrträden slunga dessa klumpar av tungt pungkött fram och tillbaka mellan sig: små fjäderfåglar "flyger" ovan mina huvuden.

Jag släpar mig, jag släpar mig, jag släpar min hasande struktur längs med älvrännans leriga, slarvigt överlappande slänter. Jag är så besk, så våt, så smörjer munnen insidan med sötheten hos sönderbitet blodjärn. Ur detta blod ska jag suga min näring ännu någon tid.

Jag släpar jag driver min upplösta substans, sakta framåt över de lunga stenarnas metall, det svävande trådklistrets sug mot en punkt i den fjärran mitten av perspektivet. Där älvens stränder ska mötas och som den allra tunnaste nål av silver av vätska borra sitt mörka tunnelvatten rakt i hjärtat av den döende bilden, den fuktigt uppluckrade yta av papper som vi klamrar oss fast på.

LIFE FORM

Will haul this gelatinous body, will lash forward this non-form, will push this organism of gas through the gray regions.

A sour wind tears through the thin white hair. A wind of vinegar and henbane tears in the rustling, discarded bird-shells that were abandoned empty and fragile when the throbbing bird-boils moved on toward so-called life. Now I see the cunning needle-trees sling these clumps of heavy pouch-flesh back and forth between them: small feather-birds "fly" above my heads.

I haul myself, I haul myself, I haul my dragging structure along the river furrow's muddy, sloppily overlapping slopes. I am so bitter, so wet, so the mouth smears the inside with the sweetness of the chewed-up blood-chisel. Out of this blood I am going to suck my nourishment for some time.

I haul, I urge my dissolved substance, slowly forward across the metal of calm stones, the hovering thread-glue's suction toward a point in the distant middle of the perspective. Where the river's banks will meet and like the thinnest needle of silver of liquid will drill its dark tunnel-water straight into the heart of the dying image, this moistly broken-up surface of paper to which we cling.

Jag släpar jag rör vid mig själv, rör vid hudsvålen med uppskavda viskösa fingrar. Lilla sjöjungfru av havsskum danad—så jag släpar mina långa slöjor, lager av elastiskt brosk, av hala, skimrande membraner, klorofyll. Gälarna darrar och lyser djupt nere i detta svalg av vävnad—ständigt rosslande, pipande, kippande efter luft. Denna snurrande, ylande, desperata syrebrist; skriket—om det hade haft syre nog att skrikas och en mun att skrika ur—skriket efter att svälja hela lungbottnarnas andetag av klar vind.

Ödlor leker, glittrar gröna, blå och röda mellan hinnorna av hud i kroppklänningen. Var slutar denna massa? Jag söker inåt genom skikten för att finna karnan hos min plasma blöt av safter, för att finna kärnan av kroppkött trots det yttre, omgivande köttet, en den nakna kroppens fasta yta, en sorts människa här innanför det blånande, växtblivande. Ett slags fäste bakom spridseln av lerornas, jäsningens sjuka. Men där finns ingenting som tar emot under denna mantel av slipprig simhud, genombruten av dunkande ådernät.

Jag slickar nu min tunga mot fingrarnas yttre klor för att riva liv i jonerna, göra beska sår i tungans blå ventriklar. En sorts smärta strålar därför mot de inre körtlarna, en svagsint spasm av jubel inför denna nervsystemens sista möjlighet till kommunikation med det döende jaget. Dimmorna svider, skimrar, senapsgasens sjok av blå kobolt fräter fram genom de

I haul I haul I touch myself, touch the skin-rind with chafed-up viscous fingers. Little mermaid from ocean foam molded—I haul my long veils, layers of elastic cartilage, of slippery, shimmering membranes, chlorophyll. The gills shudder and glow deep down in this chasm of tissue—constantly rustling, squeaking, gasping for air. This whirling, howling, desperate lack of oxygen; the scream—if it had had enough oxygen to scream and a mouth with which to scream—the scream to swallow the entire lung full of clear wind.

Lizards play, glitter green, blue, and red between the skin membranes of the body dress. Where does this mass end? I search inward through strata to find the core of my plasma wet from juices, to find the core of body-flesh despite the outer, surrounding flesh, the naked body's stable surface, a kind of human here inside the bluing, plant-becoming. Somerthing to hold on to behind the spread of the sickness of mud, fermentation. But there is nothing to grasp beneath this mantle of slippery webbed skin, burst through by a pounding net of veins.

I now lick my tongue against the outer claws of the fingers to tear life into the ions, to make sores bitter in the tongue's blue ventricles. A kind of pain therefore radiates against the inner glands, a faint spasm of cheers before this, the nervous system's last chance to communicate with the dying I. The mists smart,

annars röda svepmoln som släpar sina magar mot älvens yta. I ett av hudvecken mellan underlivkjolens fickor samlas ödlor i gytter av glimmande fjäll.

Men tiden går av tid och svält och svagnaden bär in mig över de grå nejder. Och själens mörka natt ska sakta sänkas genom mig. Så jag viker mig nu sakta som en muskel mot den våta leran för att mötas med köttet mot sömnkörtelns munnar. Jag ska sova nu min fågelkropp i dunet, och en bister stjärna ska evig stråla ovan det lysande ansiktets vattendrag.

shimmer, the lumps of blue cobalt from the mustard gas corrode through the otherwise red shroud-clouds that drag their bellies against the river's surface. In one of the skin-folds between the pockets of the genital dress, lizards gather in heaps of glimmering scales.

But time runs on time and starvation and the weakness carries me in across the gray regions. And the soul's dark night will slowly be lowered through me. That is why I now slowly fold myself like a muscle against the wet clay to press the flesh against the sleep-gland's mouths. I will sleep now in my bird body in the down, and a bitter star will radiate eternally above the glowing face's watercourse.

ANIARA

Vanmakten stormar på sitt eget sätt
och hädar och förbannar rymd och tider

Hon vaknar mitt i natten av att oljehästen spänner tömmarna
och skriar. Av att den stora ugnen skär och av att fosterbarnet
andas väsande mot hennes bröstkorg. Ur bröstet diar barnet av
det svarta skummet. Hon känner att det svarta skummet
kommer också ut ur hennes näsa.

Hon ser de tusen stjärnorna mot bågen—i mörka oljesjöar sakta
sjunka ned. Ur kistan lyfter hon en kanna av det varma vinet.
Vid elden rostar stenarna som skrumpna nötter. Och barnet
glider gnyende mot hennes skrumpna hud. Det sänker sig en
skam runt frusna nejder. Där hus och gårdar rasat ner i
skummet.

Hon vet att gamla kreatur i smärta våndas. Hon vet att
oljehästen spänner senorna och vräker sig omkull. Han slänger
sig mot väggarna i svåra spasmer. Och ur hans stela mule hänger
strängar av det svarta skummet.

Hon måste hämta botemedel mot det svarta skummet. Hon
måste hämta bränsle till den stora ugnens brand. Hon måste
rida natten genom söndersprängda byar. Där skummet fläckar
snön och älven ryker.

24

ANIARA

The powerlessness storms in its own way
and blasphemes and curses space and times

She wakes up in the middle of the night from the oil horse tightening the reins and screaming. From the great oven cutting and from the foster child's hiss-like breaths against her chest. The child suckles black foam out of the breast. She can feel that black foam is also coming out of her nose.

She sees a thousand stars against the bow—into dark oil lakes slowly sinking down. Out of the casket she lifts a jug of the warm wine. By the fire the stones roast like shriveled nuts. And the child glides moaning against her shriveled skin. A shame befalls the frozen regions. Where houses and farms have collapsed into foam.

She knows that old animals writhe in agony. She knows that the oil horse tightens his tendons and topples over. He throws himself against walls in severe spasms. And strings of black foam hang from his stiff muzzle.

She has to gather an antidote to the black foam. She has to gather fuel for the fire in the great oven. She has to ride all night through exploded villages. Where foam flecks the snow and the river is smoking.

På midnattshimlen glänser Aniara över sjö och strand. På midnatthimlen glittrar Solve och Coagula. Och hovarna mot gnistersnön i vinternatten dämpas. Hon måste skaffa kåda eller myrra, mysk till ugnen. Hon måste skaffa motgiftet mot sjukdomsbarnets brännkraft.

Och genom skogen rusar ett förtvivlans glödklot fram, som hädar och förbannar rymd och tider. En smutsig fradga fräser i det gula fostrets hand; hon känner att det svarta skummet kommer också ur hennes näsa.

Och hästen kastas över åderbrytor över djupa skåror i den spruckna skaren. Djupt nere kokar ådervattnets heta svavelbrygd. Den stora ungen ryter bakom längs den väg hon lämnat. Hon vet att himlarna ska vältras inåt och att organismen sakta inifrån ska ruttna. Ur könet rinner det ett snigelspår av sötsur galla. Och barnet flämtar uttorkat med läpparna mot såret.

I skuggan av skelettet formas hinnor, talg och körtlar. Det gurglar och det jäser, såret rör sig under snön. Långt framme strålar ljuset från den krossade kometen. I djupet glöder kolkristallens tunga kärna. Hon måste hämta bränsle till den stora röda ungen.

Hon måste hindra oljehästen från att skena in i elden. Hon

In the midnight sky Aniara glows over lake and beach. In the midnight sky Solve and Coagula glitter. And the hooves are muted against the sparkle-snow of the winter night. She has to gather sap or myrrh, musk for the oven. She has to find an antidote to the sickness-child's burning power.

And through the woods rushes a glowing globe of despair, which blasphemes and curses space and times. A soiled froth sizzles in the yellow fetus's hand; she too can feel the black foam coming out of her nose.

And the horse is thrown across vein-cracks across deep cuts in the cracked crust. Deep down vein water boils into a hot sulphur drink. The great oven roars behind her along the path she has abandoned. She knows that the skies will collapse and the organism will slowly rot from the inside. Out of the genitals runs a snail track of sour-sweet bile. And the dehydrated child gasps with lips against the sore.

In the shadow of the skeleton, membranes, tallow, and glands are formed. There is gurgling and fermentation, the sore moves beneath the snow. Far ahead a light radiates from the crushed comet. In the chasm glows the coal-crystal's heavy core. She must gather fuel for the great red oven.

She must keep the horse from bolting into the fire. She must

måste hindra barnet från hatt sugas in i skummet. Hon måste linda sjukan som drar fram i brosk och leder. Hon måste lösa strålningen ur Aniaras band.

Nu flammar norrsken bakom skogskonturen. Skarp elmseld biter tag i hennes spröda silverhår. I döda träden hänger fåglar frysta fosterklumpar. I stall och koja rinner sårets vätska genom djur och hästar. Som ugnens muskelmassor vrider vävnaden i kramper.

Hon närmar sig magnetfältet som laddar paroxysmen. Hon måste knåda embryot att mjukas upp till lera Där härbärgeras stjärnan som ska vispa kött till skum.

Hon känner oljesafter pumpa ut nar näsan. Det svarta skummet lämnar kroppen genom hennes porer. Hon saktar in till slut när ugnen skär ihop och slutar skräna. När fosterplasman sakta växer in i hennes bröstkorg.

I skuggan av skelettet bildas ådror, fett och vävnad.

Då istidsnatten sjunker över slitna yrselmarker.

Hon känner kroppen långsamt glida ner mot skummet.

keep the child from getting sucked into the foam. She must ease the sickness that is surging through cartilage and tendons. She must dissolve the radiation from Aniara's hand.

Now a northern light flashes behind the outline of the forest. Sharp elm-fire bites ahold of her brittle silver hair. In the dead trees hang birds, frozen fetus clumps. In stalls and huts the wound fluid flows through animals and horses. Like the oven's muscle-masses the tissue convulses in cramps.

She nears the magnetic field that charges the paroxysm. She must knead the embryo to soften it into clay. That is where the star is housed, the star that will whip flesh to foam.

She feels oil juices pump out of her nose. The black foam leaves the body through her pores. She slows down finally when the oven collapses and ceases to howl. When the fetus plasma slowly grows into her ribcage.

In the shadow of the skeleton veins, fat and fabric are formed.

As the ice-age night drops over worn daze-lands.

She feels her body slowly glide down toward the foam.

Det åt sig in mig och genom mig. Genom hans hjärna driver böljor, vatten, ryckningar och luftdrag. Detta krig tog all min kraft ifrån mig. Det åt sig in i mig och genom mig. Jag vispade materia med mina grova klor, jag plöjde feta labbar genom oljorna i djupen.

Snäckans gravvalv, materialen andas.
Materiens mörker är ljudlöst.

It ate into me and through me. Billows, water, twitches, and air
currents sweep through his brain. This war drained all my energy
from me. It ate into me and through me. I whipped matter with
my coarse claws, I plowed fat paws through oily depths.

The shell's tomb, the materials breathe.
The darkness of matter is soundless.

LEMURIAHYPOTESEN

THE LEMUR HYPOTHESIS

RÖNTGEN

Lemurerna skimrande blå. Deras skarpa glasläten som endast framträder ur sällsynta frekvenser. Ljuden i sin helhet dödliga— skulle kunna slita trumhinnorna ur våra öron om vi inte ständigt stela höll den bifokala muskeln sammandragen. Jag kan justera min kropp i vinkel, gärna i ljusfickan mellan de optiska våglängdsbanden. Jag skulle då kunna ana sökarens nervösa stråle, eller kanske under vissa former av gles skymning. Vårt solsystems urmoln skulle då röra sig balanserat—genom Skreaklyftorna likt smidigt böljande, hårt röda sjok av eter. Jag skulle också utifrån den vagt fräna lukten kunna lokalisera linsernas brännpunkt.

Lemurerna skimrande strålningsblå. Att med ljusvågor forcera mineral. Ur berget kommer ingen levande tillbaka. Här är skärpa—koncentrerat spektrum—här är flytande brännglas. Jag skulle också utifrån den vagt fräna lukten kunna lokalisera *Purgatorius* glödpunkt. I kryptan det klirrar så dödligt och sprakar: här vilar hornhinnans lemurer drottningar. Och på hyllorna av malm i Skreas inre grottor klättrar skriande, svårt laddade glasdjur.

X-RAY

The lemurs shimmering blue. Their sharp glass sounds that only appear at rare frequencies. The sounds as a whole deadly—could tear the eardrums out of our ears if we did not constantly stiffly keep the bifocal muscle contracted. I can adjust my body at an angle, preferably in the light-pocket between the optical wavelength bands. I would be able to perceive the spotlight's nervous ray then, or maybe during certain cases of sparse twilight. The urclouds of our solar system would then move balanced—through the Skrea Chasms like limberly billowing, pain-red masses of ether. From the corrosive odor I would also be able to localize the burning point of the lenses.

The lemurs shimmering radiation blue. To break minerals with light waves. From the mountain nobody comes back alive. This is sharpness—concentrated spectrum—this is burning liquid glass. From the vaguely corrosive odor I would also be able to locate the smoldering point of *Purgatorius*. In the crypt there is a deadly clinking and crackling: here rests the lemur queen of the cornea. And on shelves of ore, in the inner caves of Skrea, climb screaming, volt-racked glass animals.

Purgatorius, Indri

Handskas med substanser, med lemurerna av andedräktens köldens form. Genombryta mellanörats byggnad: trumbenet kvarstår hos vissa arter under hela livet i ett skede, som motsvarar fosterskedet.

Vad pågår i cisternerna? En stråle skär igenom mörk materia. Ett läte löpar genom glas, en stråke glider genom tung metall.

Handskas med stora skärmar. Skarpa oktaver, klanger. Egendomliga glasfiberstrukturer och en stark frekvensprofil. Det sällsynta grundämnet iridium, i synnerhet hos *Purgatorius* och de svala spröda *Indris*.

De täta spänningsfälten med autistisk akustik; som nedkylt silke. Medan klangbottnens fluidum bränner spår i mörk materia.

Purgatorius, Indri

Handle substances, with lemurs in the shape of the breath, the cold. Break through the middle ear construction: in certain species the eardrum remains their entire lives in a single phase, which correlates to the fetal phase.

What is taking place in the cisterns? A ray cuts through dark matter. A sound runs through glass, an arc glides through heavy metal.

Handle big screens. Sharp octaves, clangs. Peculiar fiberglass structures and a strong frequency profile. The rare element iridium, particularly in *Purgatorius* and the cool brittle *Indris*.

The tight voltage fields with autistic acoustics; like chilled silk. While the resonance fluid burns tracks in dark matter.

OKULÄR VISKOSITET

Optiska villor krälar.
Var kan man vidare gå?

Följa skriket in i djuret utmed vatten.
Följa skriket av det okulära djuret.
Sjunka inåt genom denna tunga halo.

OCULAR VISCOSITY

Optical illusions crawl.
Where can one go from here?

Follow the scream in the animal along the water.
Follow the scream of the ocular animal.
To sink inwards through this heavy halo.

En förvriden gen hade rest genom kaos. Signalen var tydlig för de invigda. En blick i sidoögat, och jag visste att också han. Där det kosmiska fettet slår sitt grepp om hittills stela ämnen. Där dimensioner driver planlöst mitt ibland oss och där jorden liknar ett system av inre luckor. Där glider hinnor mot varandra, stundom sker ett brott och stygnen lyser. Då drar paniken genom materialen, fettet hotande hatt lösas ur sin form. Då drar en bävning genom stommen, rörelser av våldsam död och pina. Då stregas legioner i ett våldsamt vrål, en farsot bryter mark, epidemier rasar hejdlöst genom världen.

A contorted gene had traveled through chaos. The signal was clear for the initiated. One glance from the corner of the eye, and I knew that he too. Where the cosmic fat grabs a hold around hitherto rigid substances. Where dimensions drift aimlessly amongst us and where the earth looks like a system of inner gaps. There membranes glide against each other, at times a breakage occurs and the stitches glow. Then the panic surges through the matter, the fat threatening to dissolve from its form. Then a convulsion sweeps through the frame, movements of violent death and suffering. Then legions are intensified in a violent howl, a pestilence breaks ground, epidemics rage violently through the world.

KATEDRALFORMATIONER

När ett verktyg eller en maskindel har brustit,
brukar man undersöka brottytan och bedöma om
den är finkornig eller grovkornig.

CATHEDRAL FORMATIONS

When a tool or a machine part has burst,
the fracture surface is usually investigated to determine
if it is fine-grained or coarse-grained.

4.1. Kristallstrukturer

Denna lyster genom fiberkablarna och aggregaten
Denna infrastråle genom fiberkablarna och aggregaten
Det är ansiktet av Ivo, Hänger framför mig
Konstruerar ytbehandlar ansiktet av Ivo
Inför Ivos smärtas korngräns stråle
Inför Ivos smärtas höga-blå strukturer
Ivo katedralers master höga uppåt
Skjuter fram ur isen lämnat havet Ivo
Ivo katedraler strukturerar aggregaten
Ivo katedralers rekristallation i stålets halo
Ut från katedraler spänner sprängjärns broar
I reaktormönster kontrollerad atmosfär
Pelare och ferristorn av rostfria karbider
Svalgningen perlitkorn aktualisera hårdhetsgraden
Ivo katedraler dimensioner hänger höga uppåt
Böjda uppåt under flera dygn i stålet
Kontrollerat högblå euklidiska reflexer
Genom stålet strävar härdningen av grövre bjälkar
Denna lyster genom ansiktet av Ivo
Utmed stängerna av riktningen mot Ivo

4.1 CRYSTAL STRUCTURES

This luster through the fiber cables and aggregates
This infra ray through the fiber cables and the aggregates
It is the face of Ivo, hanging before me
Constructs surface-treats the face of Ivo
In front of the grain boundary ray of Ivo's pain
In front of the high-blue structures Ivo's pain
Ivo cathedrals' masts high upward
Shoot out of the ice left the ocean Ivo
Ivo cathedrals structure the aggregates
Ivo cathedrals' recrystallization in the steel's halo
Out from cathedrals iron bridges jut
In reactor patterns controlled atmosphere
Pillars and Ferris Towers made from stainless steel carbides
The gulfing perlite grains actualize the hardness levels
Ivo cathedrals dimensions hang high upward
Bent upward through several days and nights in the steel
Controlled high-blue Euclidian reflexes
Through the steel strives the annealing of coarser beams
This luster through the face of Ivo
Along the fence in the direction of Ivo

4.2. ANSIKTET AV IVO

Mot ansiktet av Ivo i en katedral av vridning genom flera dygn i stålet.

Uppåt dimensionera kan Ivo klättra dunkelblå i högsta ferristornets skenor—utmed stängerna av geometrisk riktning mot det tunga självet.

Kontinenten tippar långsamt utför sockelstupet. Kan det finnas yttre rum att människan ta vägen? Här vid plattformen förankras katedralerna med pelare i havet. Det fanns olja här på 1990-talet. Övergivna salar ylar klockrent tomma, här är även brist på hägringsfenomen. Oljetornens grova borrar mal i djupet. Där finns ingenting att hämta i den tömda havspulsådern.

Spel av lager mellan högre skyars vindar. Moln i nattlysande bågen har i spektrum motsatt ordning.

Dimensioner krökta under oerhörda avstånds svindel. Spel mot ansiktet av Ivo under mina händers dödligt luna vattenmjölk.

4.2 THE FACE OF IVO

Against the face of Ivo in a cathedral of writhing through days and nights in the steel.

Ivo can climb gloom-blue up through the dimensions in the girders of the highest Ferris Tower—along the beams of geometric direction toward the heavy self.

The continent tips slowly into the base chasm. Is there any outer space where people can go? Here by the platform, the cathedrals are anchored with pillars in the ocean. There was oil here in the 1990s. Abandoned halls howl bell-clean empty, there is even a lack of mirage phenomena. The oil tower's coarse drills grind in the depth. There is nothing to collect from the emptied ocean-pulse vein.

Flutter of strata between the winds of the higher skies. The spectrum of the night-glowing bow have the opposite order.

Dimensions bent from incredible distance-vertigo.
Flutter against the face of Ivo beneath my hands' deadly calm water milk.

4.3. KERMADEC-GRAVEN

"Magnetiserade mineral bevarar i sig 'bilden' av det
magnetfält som rådde då bergarten bildades."

Ska pressa rummen genom dig, ska pressa rymden ut ur dina
höljen. I choran från de fjärran eldar, raffinaderier skjuter ut
magnesium mot nattlysande bågen. Submikroskopiska
kristallgroddar i skalömsning, hörs klirrandet och sprakandet
från starka kärnors omstöpning till tyngre massa. Pangea skaver
sig mot grunden söker rida ryggen Reykjanes ur lägets låsning.

De undre bergskedjornas sprickverk löper systematiskt genom
benskelettets stänger. Ett hål slår upp i väggen vid mig. Ett
ansikte av stål slår ut ur väggen vid mig. Du bryter ut mekanisk
ur den sista väggens vävnad. Du stryker dina klor mot mina
korngränsytor. Det enda kött som bär är då din salta
däggdjurstunga. Den rör sig mot min ögonglob, emaljens sista
ryckningar av verklig smärta. Vid hudlinjen går korn i korn och
naglar oss vid stålformens varandra. Som gjutna i ett block ska
vi gå in i materialens tystnad.

I djupet under oss ska ryggradsröret Golfströmmen vid jordens
åder sakta stelna till en tunneltub av evigt hållfast urmetall.

4.3 The Kermadec Grave

> "Magnetized minerals remain in 'the image' of the
> magnetic field that existed when the rock was formed."

Will press the rooms through you, will press the space out of your sheaths. In the chora of distant fires, the refineries shoot magnesium against the night-glowing bow. Submicroscopic crystal germs during shell-shedding, the sound of the clink and sparkle from strong cores being remolded into heavier matter. Pangea chafes against the foundation attempts to twist the spine Reykjanes out of its locked position.

The fissures of the lower mountain chains run systematically through the bone skeleton's beams. A hole erupts in the wall next to me. A steel face bursts out of the wall next to me. Mechanically you break out of the fabric of the last wall. You stroke your claws against my grain boundary surfaces. The only meat that holds up is your salty mammalian tongue. It moves toward my eyeball, the last twitches of the enamel are true pain. At the skin-line, grains enter grains and nail us to the steel-form's each-other. As if molded in a block we are going to enter the silence of the materials.

In the depth beneath us, the spinal pipe the Gulf Stream will by the earth's veins slowly congeal into a tunnel tube of eternally solid ur-metal.

4.4. DJURGLAPPET

Jag rörde mig då framåt genom Dovres nobusfärer. Partiklarna som rusat genom tunna kapillärer. Där Ivo leddes inåt mot maskinerna i hjärtat av vårt tunga möte. Där fjättror slagna hårt mot formens styrselhölje. Det var så nära att gå illa sönder här i våra kroppars katedraler. Vi såg varandras ansikten som blåsor under hinnorna, en sjunken stad av sjungande fossiler anemoner.

Vi rördes genom kroppen mot en svår miljö av stora rör i knutor kapitäler. De höjde sig bastant mot raffinaderiers eldblå himmel. Där väntade ett moln att släppas ut ur skinnet. Jag skulle vilja Ivo att du mottog mina tänder, mina utstötta emaljer här i asken utdragna ur käken. Min mun är stor och mjuk av kött; det material som djur är gjorda av.

Vi skulle klättra uppåt mot det glapp som öppnats mellan plåtarna och huden. Det var ett skrotupplag av gammal bråte där vi fäste våra kablar. Nu skulle vi gå utåt längs de farligt svajande skeletten. Partiklarna som rusat genom tunna kapillärer. Som mörk materia ska bilda rymden överallt omkring oss, ska vi se köttet slutas om en sjunken muskelstad av anemoner och muränor.

4.4 The Animal Gap

I then moved forward through the nobuspheres of Dovre. The particles that had rushed through thin capillaries. Where Ivo was led toward the machines in the heart of our heavy meeting. Where fetters were struck hard against the form's steering sheath. Things were so close to going bad, breaking here in our bodies' cathedrals. We saw each other's faces like blisters beneath membranes, a sunken city of singing fossils anemones.

We moved through the body toward a difficult environment of large pipes in knots, capitals. They rose stoutly into the fire-blue sky of refineries. There a cloud waited to be released from the skin. I would like you Ivo to receive my teeth, my extricated enamels here in the box pulled out of my jaw. My mouth is large and soft with flesh; the material out of which animals are made.

We were supposed to climb up toward the gap that had opened up between the plates and the skin. It was a scrapyard of old junk where we fastened our cables. Now we were to move out along the dangerously swaying skeletons. The particles that had rushed through thin capillaries. As dark matter will form space all around us, so we will see the flesh enclose a sunken muscle city of anemones and moray eels.

4.5. I REAKTOR

a) Berggrunden vrider sin massa och hamnar i rätt hack. Kontinentplattor kantrar och klyvs. Kom Leatherface min älskade, glid in i ansiktet av hemlighetens bestialers längtan. Känn ytberöringen som kokar skakar hårt under den sköra korngränshuden. Kom Golem sjuder under kräldjuren av våra händers kroppar. Vid läderömsningen av blottlagda människoider. Glid in i kyssens tunga tunnelmaterial.

b) Under skölden krälar, under skölden krälar rabiat och orgiastisk bulimi. Äta in i köttet kräkas älskade och ätas in i köttet kräkas älskade i obarmhärtig blodbultande köttets vanmakts återvändo.

c) Lyssnar, mäter, kalibrerar: störningar ur yttre rymdens nobusfärer.

d) Det är inte döden det är kanten fäller ner visiret vi ska riva loss den mörka massan från varandras yttre halo spräck itu och blunda gå i glacialens riktning Ivo klättrar fjärmar mig och jag ner under ytan stim av sångfisk mellan pelarna jag bildar ubåt känner köttets kränkningar men sänder inga ljudsignaler jag behärskar ubåtsväggens plåtar vattenmassorna.

4.5 In Reactor

a) The bedrock wrenches its mass and ends up in the right notch. Continental plates topple and are cleft. Come Leatherface, my love, glide into the face of the secret's bestial longing. Feel the surface contact that boils shakes hard beneath the fragile grainboundaryskin. Come, Golem simmers beneath the crawlanimals of our hands' bodies. At the leather-shedding of exposed humanoids. Glide into the heavy tunnel material of the kiss.

b) Beneath the shell crawls, beneath the shell crawls a frenzied and orgiastic bulimia. To eat into the meat puke beloved and be eaten into the flesh puke beloved in merciless bloodthrobbing flesh's powerless return.

c) Listen, measure, calibrate: disturbances from the nobuspheres of outer space.

d) It is not death it is the edge folds down the visor we will tear loose the dark matter from each other's outerhalo crack apart and close eyes move toward the glaciality Ivo climbs me away and I down beneath the surface shoal of song fish between the pillars I form submarine feel the violations of the flesh but do not emit any warning signals I master the plates of the submarine wall the water masses.

Jag behärskar ubåtsväggens plåtar.
Ivo klättrar heroinet sjunger.
Inför hemlighetens skevnads brant av Intet.

I master the plates of the submarine wall.
Ivo climbs the heroin sings.
Before the secret's warp slope of Nothing.

4.6. GUMMIKATEDRALEN

Fundamentet benskörheten
katedralen benskörheten
håldjupskatedralen
Universum ökar

Locksångdjupets hörsel

4.6 Rubber Cathedral

The foundation the bone-porousness
the cathedral the bone-porousness
the holedeep cathedral
The universe increases

The temptingsongdepth's hearing

Och jag ska lämna dig djupt inne i den svarta snäckan, Ivo.

And I will abandon you deep inside the black shell, Ivo.

Armageddon, Ixtlan, Valpurgis, Cthulu, säldöden. Det åt sig in i mig och genom mig. Det löpte dödstyst genom människornas ådror. Vi trodde oss om vilja, materialens urverk gnagde, bröt vårt däggdjursägg ur tiden. Vi stöttes ut genom trumpeten, massakrerade av inre blödningar. Det sög mig in i sig och ut ur mig. En farsot bröt sin mark, den löpte dödstyst genom människornas ådror.

Det stelnade vill fettna.
Materialen vill ut.
Materiens mörker är ändlöst.

Armageddon, Ixtlan, Valpurgis, Cthulhu, seal death. It ate itself into me and through me. It ran deadsilent through the people's veins. We believed in the will, the mechanisms of matter gnawed, broke our mammalian egg out of time. We were pushed out through the trumpet, massacred by inner bleedings. It sucked me into itself and out of myself. An epidemic spread across the land, it ran deadsilent through the people's veins.

The stiffened wants to fatten.
The materials want out.
The darkness of matter is endless.

TUNG HALO

Sifonoforen: Statsmanet med simblåsa vid övre kroppsänden; därpå följer flera rader av simklockor och i undre änden ätpersonerna, känselpersonerna och könspersonera.

HEAVY HALO

The Siphonophore: the state jellyfish with the swim-bladder on the upper end of the body; that is followed by several rows of swim-bells and in the lower end the eat-persons, the feeler-persons, and the genital-persons.

AMPULLER FRÅN LIDANDETS LUSTGÅRD

Och Golfströmmen vänds i tropik in mot Asiens snurrande lyktor och tivolistäder. Här går en tydlig underjordisk gräns. Här ska Ivo byta form till Alexander. En samtidighet kan aldrig befinna sig närmare än ljusets hastighet fram och tillbaka ÷ 2.

I akvariecisternen i det djupa skeppets inre stryker mörkgröna muränor i en långsam bana runt de mjuka benen. Ur körtelmörkret stiger dofterna av tung vanilj och ambra; lila ollonbultar och pulsarer dunkar rytmiskt mot maskinens vattenkvarn.

En laddning växer ut ur ångorna från blick till blick. Vi hör röster från disiga stränder vid randen av hägringens synfält. Orkidéer av frömjöl, pioner av kött, Alexanders ampuller från Lidandets Lustgård. I det pärlgröna vattnet syns slamsor från sifonoforer som slitits i stycken av djuphavsorkanen.

Jag fångar febern och får ligga inåtvänd i hetta många dagar. Här infaller en episod med konsekvenser långt förbi det rena ögats. En ung kinesiska som hela tiden stirrar på oss från sin undanskymda position. Och Saskia Morena går direkt i Alexanders fällor. I hennas åsyn öppnar han ampullerna och androgynens bilder börjar sippra ut.

Ampules from the Lust Garden of Suffering

And the Gulf Stream turns in the tropic in towards Asia's spinning lanterns and amusement park cities. Here runs a visible border underground. Here Ivo will change shape into Alexander. A simultaneity can never be closer than the speed of light back and forth ÷ 2.

In the aquarium cistern in the deep ship's inner, dark-green moray eels move in a slow orbit around the legs. Out of the gland-darkness, the aromas of heavy vanilla and ambergis rise; purple acorn bolts and pulsars throb rhythmically against the machine's watermill.

Every moment a charge grows out of the steam. We hear voices from misty shores at the edge of the hallucination's field of vision. Orchids of flower meal, peonies of meat, Alexander's ampules from the Lust Garden of Suffering. In the pearl-green water one can see rags from siphonophores torn into pieces by the deep-sea hurricane.

I catch a fever and have to lie facing inward in heat for many days. Here follows an episode with consequences long past that of the bare eye. A young Chinese girl who stares at us from her obscured position the whole time. And Saskia Morena moves straight into Alexander's traps. Under her gaze, he opens the ampules and the androgyne's pictures begin to seep out.

Han söver också vissa muskler med små doser av det rosa pulvret. Han dissekerar sköna växter och han skapar ett herbarium av ståndarspröt och klibbigt ludna stänglar. Så härbärgeras möjligheten till ett sätt att vända giftet utåt. Att lösa katastrofen ur sitt fäste vid vårt inre mötes mellanrum. Att sprida den som pollen över andriodhopar och stumma legioner. Vid ytan av den ansiktshud vars bärare är Saskia Morena.

Vi måste in i växten för att lossa paroxysmen. Hybridens mjuka körtelväxt har utvecklat ett indonesiskt djungelträd på insidan av kvinnans kroppkokong. Den döva Saskia ska klyva folkmassor i klänningar av noggrant valda sidenkvalitéer. Så ska hon vara synvillan som bär vår glödga över städerna där kriget blommar ut. Ur kärnan spränger sammetsfjärilar som strör beröring över Kermadec och Ylajali.

Så tänker jag när kölen stryker över djupgravens ruinpalats och kolonier av muränor och koraller. Ur körtelmörkret stiger dunsterna av bränd vanilj och smulten ambra; lila ollonbultar och pulsarer dunkar vildsint mot maskinens bottenkvarn.

En laddning växer ut i ångorna från blick till tunnelblick.

Där Golfströmmen vänds i tropik in mot Asiens lyckliga, sjunkande städer.

He also anaesthetizes certain muscles with small dozes of the pink powder. He dissects lovely plants and he creates a herborium of stamen-sprout and sticky hairy stems. This makes it possible to to bring out the poison. To loosen the catastrophe from its position in the in-between space of our inner meeting. To spread it like pollen over android heaps and mute legions. At the surface of the facial skin whose bearer is Saskia Morena.

We have to get into the plant in order to release the paroxysm. The hybrid's soft gland-growth has grown an Indonesian jungle tree on the inside of the woman's body cocoon. Deaf Saskia will cleave the crowds in dresses made from carefully selected gradients of satin. Then she'll be the optical illusion that will carry our red heat above the cities where the war is blossoming. Out of the core the velvet butterflies explode strewing contact across Kermadec and Ylajali.

That is what I think when the keel rub against the deep grave's ruin palace and colonies of moray eels and corals. Out of the gland-darkness rise the fumes of burnt vanilla and molten ambergris; purple acorn bolts and pulsars throb wildly against the machine's bottom mill.

A charge grows out of the steam from look to tunnel look.

Where the Gulf Stream turns in the tropics in toward Asia's happy, sinking cities.

RÖD JÄTTE

Hermafroditen bryter samman i en röd jätte. Den samlar sig,
Andromeda dras samman uppe över himlen i en konvulsion.
Och lila ollonbultar och pulsarer dunkar vilt mot
Zachrisnebulosans stränga kärna.

Jag håller stängeln spänd, kolibriös. Skränet från hamninloppet
nådde oss långt före vår ankomst. Ur fuktdiset bröt stadens
irrklot fram utmed ett ljusband. Cikador skavde skenor mot
varandra.

Vi stod på däck i tysta klungor. En skymning föll sakta och
febern drog i svall genom min skendöda kropp. Ur svalget steg
en sav med smak av jäst och bittermandel. Han böjde sig mot
kyssen och sög in den feta vätskan med sitt klibbspröt. En
månfläckad chrysalisanemon föll ur hans redan starkt anfrätta
Död mans hand. Tentakler mycket långa, hängande: där tunga
bröstblå liljor böjde sig över lakunen.

Jag kunde känna vidgandet och pumpandet från vakuumkamrarna
djupt inne i min hjärna. I många dagar hade Alexander arbetat
med sitt herbarium, med dissekeringen ner till ett mikrokosm
av hittills outforskade kategorier, den detaljnivå där kött blir
växt blir sten. Men Saskia Morenas skugga rörde vid min andra,

RED GIANT

The hermaphrodite is collapsing into a red giant. It gathers, Andromeda is pulled into a convulsion up in the sky. And purple acorn bolts and pulsars throb wildly against the Zachris Nebula's strict core.

I hold the stems tight, hummingbirdish. The racket from the harbor entrance reached us long before our arrival. Out of the moist mist the city's flicker-globes appeared along a ribbon of light. Cicadas chafed bolts against each other.

We stood on deck in silent clusters. A twilight fell slowly and the fever surged in a wave through my pseudo-dead body. Out of my throat rose a sap that tasted of yeast and bitter almond. He bent into the kiss and sucked up the fat liquid with his sticky feeler. A moon-flecked chrysalis anemone dropped from his already extremely corroded *Dead Man's Hand*. Tentacles, very long, hanging: where heavy breast-blue lilies drooped over the lacunae.

I could feel the widening and pumping from the vacuum chambers deep inside my brain. For several days Alexander had worked with his herbarium, dissecting it down to a microcosm of as-of-yet unexplored categories, the level of detail where flesh becomes plant becomes stone. But Saskia Morena's shadow

yttre skugga. Vi måste bryta upp oss ur den långa, täta sömnen.

Munarmar långa, veckade. Det tydliga stiftet och frökapseln. Ett sjukligt antal fjärilar stod i stim i lukten från våra öppna, sockermjuka sår. Och lyktor steg och sjönk från stadens högsta ferrishjul. Vi följde Saskia längs en allé av tujor och cypresser, rhododendron, purpurea, orkidéer, opium. Natthimlen tjöt och sprängde av fyrverkerier och briserande partikelhopar.

Och skuggorna av mongolator, pinheads, fetthundar och andrioder rörde sig mot träet, strök sig mot fossilerna och ådringen i cellens väggar. Där kroppen härjades av bestar, slängdes fram och åter i en dödstyst krigskamp mellan muskelverk och vrångbild mellan stora mjölkvita muränor innanför den åderbrustna kronbladshuden.

Hon biter fradga rakt i luften. Hon krälar hund över de spruckna golven. Hon spyr ett läte in i spegelglaset. Maneten brinner i henne, planeten brinner i henne. Och hela golven täcks av flarn, fjäll, sporer, via kronbladsvingar.

Där blodtrycket grep klor omkring folliklarna. Vi hade krossat skalen, släppt ut sniglarna, molluskerna som långsamt rört sig framåt över golven in mot hennes öppna mynningar och svidande membraner. I snigelkyssens smälthärd svalnar krampen och hon stillnar sakta dämpas lugnas sjunker in i snigelköttets

touched my other, outer shadow. We have to break us out of the long, tight sleep.

Mouth-arms long, folded. The visible stylus and the seed capsule. A sickening number of butterflies hovered in the odor from our open, sugar-soft wounds. And lanterns rose and fell from the city's tallest Ferris Wheel. We followed Saskia along an alley of thujas and cypresses, rhodedendrons, purpurea, orchids, opium. The night sky wailed and exploded in fireworks and bursting particle heaps.

And shadows of mongoloids, pinheads, fatdogs, and androids moved toward the wood, rubbed against the fossils and the veinage in the cell walls. There the body was harrowed by beasts, thrown back and forth in a deadsilent battlefight between muscle mechanisms and distorted images, between large milk-white moray eels inside the vein-burst petal skin.

She bites froth into the air. She crawls dog-like across the cracked floors. She pukes a sound into the mirror glass. The jellyfish burns in her, the planet burns in her. The floors are completely covered with straw, scales, spores, white petal wings.

Where the blood pressure gripped claws around the follicles. We have crushed the scales, released the snails, the mollusks that moved slowly across the floor toward her open orifices and

tystnad. Där rummet fylls av rök från mörkblå opiater. Vi tvättar henne ren i vatten uppblandat med mysk och mjölk.

Jag sitter kedjad och ser på när munnens varma mussla sluter sig om växtorganets fettstump. Det var de tunga dagar då han stympade sig själv för att se cirkeln ryckas sönder ur sin bana. Han river tänderna men i min mun finns inte längre några tänder kvar: min mun ett hål av svullet kött som suger. Hans käftar i den vara mörka arm som växer ur hans kropp: det lyser stora blöta sår, men han är dödstyst, vägg av iskallt tyst mot hettan.

smarting membranes. In the melt core of the snail-kiss the cramp cools down and she calms down is muffled quiets down sinks into the silence of the snail flesh. Where the room is filled with smoke from dark-blue opiates. We wash her clean in water mixed with musk and milk.

I sit chained and look on as the mouth's warm mussel encloses the plant organ's fat-stump. Those were heavy days when he maimed himself in order to tear the circle off its orbit. He tears the teeth but there are no longer any teeth in my mouth: my mouth a hole of swollen flesh that sucks. His jaw in the beautiful dark arm that grows out of his body: it glows large wet wounds, but he is deadsilent, wall of ice-cold silence against the heat.

DEN FÖRDÖMDA DELEN

Adrenalinet blommar ut. Planeterna driver i stressade ryck över himlen. En led böjs fel och brister.

Han bär ett frö ur huden där det brister. Det gnager och vill växa som en stängel ur ett sår. En kolibri i håret och en fjäril i mitt hudveck. Och feta rosor vecklar ut nivåer. Där Alexander binder fast min rörelse vid platsen. Han stannar kvar, mitt kött kan växa, lägga led till led. Min arm kan växa ur hans kött och vi går ut ur kropparnas varandra. Där gror två ledväxter på varsin sida om naturen.

Tentakelstaden glittrar i ett kedjeband av glödlyktor och irrklot. Där pinheads skuttar runt och plockar klibbiga pioner. Men Saskia i siden sjunker in i Ylajaliflodens hudblå virvlar. Muränor suger hennes utspända artärer. Muränor i en krans av onämnbara vattenvinklar.

Aortasvetten, hettan vecklar ut sitt andeväsen. En lilja buktar blodfylld över bergmassiv och dalar. Den monstruösa delen skjuter ut sin tunga ur det varma fettet. Den varma pulpan stöter mörk mot liljans tänder. Men Alexander biter fast min rörelse vid platsen. Och jag kan vecklas ut till dolda proportioner.

THE CURSED PART

The adrenaline blooms. The planets drift in a stressed twitches across the sky. One joint is bent the wrong way and bursts.

He carries a seed out of the skin where it bursts. It gnaws and wants to grow like a stem from a sore. A hummingbird in my hair and a butterfly in my skin-folds. And fat roses unfold in layers. Where Alexander ties my movement to the place. He remains, my flesh can grow, add joint to joint. My arm can grow out of his flesh, and we move out of the bodies' each-other. There grows two joint-plants out on either end of nature.

The tentacle city glitters in a chain of streetlights and flicker globes. Where pinheads jump around and pick sticky peonies. But Saskia in silk sinks down in the skin-blue whirls of the Ylajali River. The moraine eels suck on her inflated arteries. Moraine eels in a wreath of unmentionable water angles.

The aorta sweat, the heat folds out its spirits. A blood-full lily bulges over mountain massifs and valleys. The monstrous part sticks out its tongue from the warm fat. The warm pulp presses darkly against the lily's teeth. But Alexander bites my movement to the place. And I can unfold into hidden proportions.

Där gror två ledväxter på varsin sida om den mänskliga naturen. Muränor suger nektarfettet ur den dömda delen. Aortan bultar djupt så djupt oändligt blodtrycksladdad. En besk metalltrötthet slår strålar ut ur tungan den aggressiva liljan lösgör sig från platsens fäste.

Ampullerna är tömda, kvar står kroppars katedraler. Hans känsla av en andedräkt mot mina mjuka nerver. Han andas i min mun och där finns ännu syre kvar. Han fäller ut sin kronbladsflöjt mot nya dimensioner. I yrselrummet somnar jag och känner kampen avta och förtunnas. Han stannar kvar i mig och ändå utanför där vi ska veckla ut en krans av nya latituder.

Med ögon ser och vakar våra ansikten varandra. Där Alexander binder fast min plats vid rörelsernas maktfält. Ett fjäderband att växa, växa ut i verkligheten. Don döda delen brister, krossas, pulvriseras; bryter samman i en symfoni av kemiska processer.

Two joint plants grow on opposite sides of human nature. The moray eels suck nectar fat out of the cursed part. The aorta throbs deeply so deeply infinitely bloodpressure-loaded. A bitter metal fatigue pounds rays out from the tongue. The aggressive lily frees itself from the hold of the place.

The ampules are emptied, leaving the bodies' cathedrals. The sensation of his breath against my soft nerves. He breathes in my mouth and there is still oxygen there. He unfolds his crown-leaf flute toward new dimensions. In the daze-room I fall asleep and feel the struggle abate and thin out. He remains inside me and still outside where we are going to unfold a new wreath of new latitudes.

With eyes our faces see and watch over each other. Where Alexander ties my place to movements' powerfield. A feather band to grow, grow out into reality. The dead part bursts, is crushed, pulverized, collapses in a symphony of chemical processes.

HERBAFRODIT

Där kaos är jordens fäste. Vi bryter oss ur rytmen. Vi skär oss ut ur skåran. Det måste finnas starka sätt att tänka, manövrera.

Konstruktioner skjuter upp ur staden, skarpa toner skär sig ut ur opium Oljetornens lampor lyser, vecklar ut tentaklerna ur storstadsgyttret. Golfströmmen bänder sin båge och bar oss åter mot de norröna skikten, det svalbardiska ishavbältet, mot lofotiska fjordar och tunga öar, mot täta geologier med sina skifferskal runt pulpan av en fadd grönska. Växtväldet växer inåt in i kärnan av sin sirapsblöta fosterform. Alexander växer inåt och förfostras annorlunda inom mig i skalet av mig: där finns åter plats för andetag av luft.

Konstruktioner skjuter ut metall ur slutna regioner. Sår i huggberg, industrier, xylofoner, höga torn och isbergsflöjter. Symmetrier skjuter ut och stålfraktaler rusar uppåt genom ligamenten. Snår av slingerväxter snärjer katedraler, utför bjälkar klättrar bladverken av mörka örter, fetbladig hortensia och anemoner, stråliga koralldjur, fuktiga muränor.

Jag kan se å avstånd att ruinplattformen spänner sin stålband mot de slanka strängarna av murgröna och kaprifoler. Den turkosa vattenoljan flyter tjock omkring pontonen. Hettan solen

HERBAPHRODITE

Where chaos is the earth's hold. We break out of the rhythm. We cut ourselves out of the groove. There must be strong ways of thinking, maneuvering.

Constructions shoot out of the city, sharp tones cut out of opium. The lamps of the oil towers glow, fold tentacles out into the bigcity heap. The Gulf Stream bends its bow and carries us once more toward the northern strata, the icy Svalbardian ocean belt, toward Lofotian fjords and heavy islands, toward tight geologies with their slate shell around the pulp of a bland greenery. The plant kingdom grows into the core of its syrup-wet fetus shape. Alexander grows inward and fetusifies differently inside of me, in the shell of me: there is once again space for the breathing of air.

The constructions shoot metal out of closed regions. Wounds in hack-mountains, industries, xylophones, tall towers, and iceberg flutes. Symmetries shoot out and steel fractals rush upward through the ligaments. Thickets of vine ensnare cathedrals, the foliage of dark herbs climbs along the beams, fat-leafed hortensia and anemones, radiant coral animals, moist moray eels.

spänner ansiktet till läder formar om de inre trådarna till annorlunda muskler. Nordsjön väser, Golfströmmen vibrerar, där ska människorna genomleva växtens form.

Farkoster från oerhörda vatten störtar genom tunnlarna och rören. Vassa katedraler höjer sig ur lustgårdens frakturer. Nordsjön väser, Golfströmmen vibrerar, partituret imploderar till en brun dvärg. *Snart ska Världsanden gå lös ut över världen.*

I can see in the distance that the ruin platform fastens its steel belts against the slinky strings of ivy and honeysuckle. The turquoise water-oil flows thick around the pontoon. The heat the sun tightens the face into leather forms and the inner threads to different muscles. The North Sea hisses, the Gulf Stream vibrates, where humans will live through the plant form.

Crafts from incredible waters crash through the tunnels and pipes. Sharp cathedrals rise out of the lust garden's fractures. The North Sea hisses, the Gulf Stream vibrates, the score implodes into a brown dwarf. *Soon the World Spirit will be let loose across the world.*

Och jag ska gå så långsamt vid dig inne i den svarta snäckan, Alexander.

And I will go so slowly next to you into the black shell, Alexander.

Ghost in the machine. Vi artfränder hade alltid haft en inre slagsida, men inte ens lukten avvek märkbart och det var fullt möjligt för oss att manövrera mönstergillt. På så sätt var det mycket enkelt för mig att avläsa graden av finkornighet hos de exemplar jag mötte. Konglomerat av partiklar i en utandning. Ett skikt av glas i röstens sediment. Lakuner i kronologin mellan individer. En anstrykning av rådjur i ögonkastet.

Det andas och vill växa över världen.
Materialen styr med järnhand sina ansikten;
utövar uppenbarelser.

Ghost in the machine. Members of our species always had an inner capsize, but not even the odor differed noticeably and it was fully possible for us to maneuver according to design. In this way it was very simple for me to read the degree of granularity of the samples I encountered. Conglomorates of particles in an exhale. A strata of glass in the voice's sediments. Lacunae in the chronology between individuals. A trace of deer in the glance.

It breathes and wants to grow over the world.
The materials rule its faces with an iron fist;
practice visions.

GRÄNSSNITT

Ett ojämviktstillstånd kan spontant utvecklas till ett tillstånd av ökande komplexitet.

BORDERCUTS

A disequilibrium can spontaneously develop into a state of increasing complexity.

På kanten mellan skivor av hur saker funkar

Vid just denna dagen, just detta ljus, jag kan se
skikten av luft, skikten av väte och helium överlappa—
väva—bryta ner varandra.

Hurdan är sammansättningen i luften under just den
tidsrymd då allting utspelas? Kommer den att ändra
karaktär efterhand, rycka banden av ljus ur sin riktning,
länka sig loss eller stävjas?
Hur är denna väderlek beskaffad? Det lätta diset;
strimmorna av cellulosa, stålning?

Hur maler mörka skifferkvarnar lagren under skorpan?
Hur klingar det av järn mot blå granit?

I vilka formationer rör sig fågelsträcken tranorna?

Vilken typ av fukt, vilken jordart?

Hur tät är huden gentemot den omgivande massan? Hur
vida, hur viskösa porerna? Släpper de in, och vad?

Hur bryter ljuset här?

Hur död är denna svarta sten?

ON THE EDGE BETWEEN DISCS OF HOW THINGS REALLY WORK

From this exact view, in this exact light, I can see
the strata of air, strata of oxygen and helium overlap—
weave—break each other down.

What is the makeup of the air in this exact
spacetime when everything has been played out? Will it change
character afterwards, tear the ribbons of light out if its orbit,
link itself loose or get controlled?
How is this weather forecast carried out? The light fog;
the strips of cellulose, radiation?

How does a dark slate mill grid the strata beneath the crust?
How does the iron clang against blue granite?

In which formations do the bird migrations the cranes move?

Which type of moisture, which type of soil?

How tight is the skin against the surrounding mass? How
wide, how viscous are the pores? Do they let in, and what?

How does the light break here?

How dead is this black stone?

Hur möter jag en blick av annan materialmaskin?

Där och här skär gränser mellan olika sätt att vara
livsform på. Jag, med min kontur: utan att *bli* träd vågar
jag vila här under trädet. Denna ändlösa tillit till skarvar,
kanter, skärningspunkter och objektens lojalitet. Med ett
oändligt förtroende för konturerna, för att remmarna och
snitten, stygnen håller tingen på plats.

Av trohet till materien.

Vid just denna dager. I detta för tillfället rådande landskap.

How do I meet the gaze of another matter-machine?

There and here borders cut between different ways of being
a life form. I, with my silhouette: without *becoming* a tree
I dare to rest here beneath the tree. This endless faith in rims,
edges, cutting points and the loyalty of objects. With an
endless trust in the silhouettes, in that the straps and
cuts, the stitches will hold things in place.

Out of a trust in matter.

In this exact light. In this temporarily prevailing landscape.

PSYLOBE

Nu leker i lönndom de lynniga tingen. I lönndom lockar tingen
tivoli, organiska i lönndoms karneval: de nervösa, idag lekfulla,
stolt löjliga och uppspelt glada tingen.
Jag ser ur Miriams ansikte skelettet tränga ut. Jag ser ur Miriams
ansikte att munnen är en strut. Det faller spetsigt regn,
fördunkelsen böjs inåt, hon är lika lite människa som jag är
människa idag hos tingen.
Idag hos tingen: tingen har humör. Fördunkelsen böjs inåt. Nu
vänder de på trädet. Jag växer under trädet. Jag tror jag kanske
gråter. Det faller spetsigt regn på de förtjusta tingen.
Nu växer trädet ut ur luften ner i jorden. Nu böjer molnens
kupa in i mig. Det faller färger, faller spetsigt regn ur
revbenshimlen. Det faller regnfraktaler ut ur regnbågskatedraler.
Jag tror jag kanske gråter, åratalen rasar genom mig och trädet
snärjer in mig. Nu krälar gräset under mig och om jag fimpar
cigaretten gör jag illa tingen. Här marken slingrar sig i kurvor,
höjer sänker sig i bröstkorgar av andetag och nergrävda i jorden
lungor.
Nu vrider sig materien i otänkbara linjer. Nu vrider sig mitt
väsen, antal fingrar varierar mellan varje samma hand. Nu
bubblar det i stenen där dess kött vill ut ur skinnet. Nu spelar
tingen inte döda denna värld vill ut ur skinnet.
Förmuskelsen böjs inåt mina kroppar. Jag är i barnsleriet,
världen muskelböjd hos de perversa tingen. Idag är tingen glada

Psylobe

Now secretly the volatile things play. Illicitly the things tempt amusement park, organic in the illicit carnival: the nervous, today playful, proudly ridiculous, and keyed-up happy things.

I see the skeleton press out of Miriam's face. I see out of Miriam's face that the mouth is a cone. Sharp rain is falling, the gloominess bends inwards, she is as little human as I am a human today with the things.

Today with the things: the things have moods. The gloom bends inwards. Now they turn the tree. I grow beneath the tree. I think I may be crying. A sharp rain is falling on the delighted things. Now a tree grows out of the air down into the earth. Now the cloud bends its globe into me.

Colors are falling, sharp rain is falling out of the ribcage skies. Rain fractals are falling out of the rainbow cathedrals.

I think I'm maybe crying, the ages rush through me and the tree catches on me. Now the grass is crawling beneath me and if I put out the cigarette I will harm things. Here the ground twists in curves, rises sinks in ribcages of breaths and are buried in the earth's lungs.

Now the matter writhes in unthinkable lines. Now my spirit writhes, the number of fingers varies on every same hand. Now there is a bubbling in the stone where the flesh wants out of the skin. Now the things are not playing dead; this world wants out of its skin.

spelar tivoli i mellan-icke-rummet. Förmuskelsen förmusklar
mina själars själakroppar. Jag hör, jag vet: det går ett kaos, ett
jubel under ytan utav tingen.

The musculation bends in toward my bodies. I am in the childuary, the world muscle-bent with the perverted things. Today the things are happy playing amusement park in the between-not-room. The musculation musculates my souls' soul-bodies.

I hear, I hear, I know: there is a chaos, a cheer beneath the surface out of the things.

MÄNNISKOIDNORMALISEMANGETS
PARASCHIZOSENILIFRENITET

Riktning som sken,
ilning materia.

Missbildningen gnager gräver, borrar inåt,
överskrider symfonierna.
Den orubbligt organiska arkitekturen:
mekaniken, tektoniken, teknologin, topografin.

Tanken att ett enat, ett *icke perverst* tillstånd
råder i platsen?
Att platsen har kanter och *utspelar sig?*
Att inte jordklot trätt på jordklot idkar samma tid,
att inte tid trädd på tid?

Det är min skräck som avsöndrar platsen.
Det är min skräck som avsöndrar platsen.

All anledning till paranoitet,
MASKINER,
sökmaskiner gnager gräver, borrar eterstålet genom
tomma Intets inte massa

Som skymmer och förbjuder mig från döden.

Humanoid Normalishment's
Paraschizosenilephrenia

Direction as sheen,
pangs matter.

The deformity gnaws digs, drills inward,
exceeds the symphonies.
The unshakable organic architecture:
the mechanics, tectonics, technology, topography.

The idea that a single unified, *not perverse* state
prevails in this place?
That the place has edges and *takes place?*
That earth globes encased in earth globes follow the same time,
that time does not encase time?

It's my fear that tears apart the place.
It's my fear that tears apart the place.

All causes for paranoia,
MACHINES,
search machines gnaw dig, drill the ether steel through
the empty Nothing's non matter

which obscures and bans me from death.

STARKT KROPPSFELS BANA

Jag har skadat—
uppstått skada i klockvarvet
Glas bryter in i dagen
går ur hack och smärtar
i ett kanske knä, skelett

Det har hörts hårt i ljudet
ett kroppsfels brytning
är starkt att lossa ryggen
så starkt i fel skelett
Det är så starkt att lossa
koncentrationens bana
och balans

Det finns ett system
av en linje längs dygnet
där viljans rycknings spår
Ordets språks skräck
Det hörs i ordets språks skräck:
tungan är döden kall

Nu är jag lös och farligt
hänger jag, kan inte pratas
måste kropp trots snedden

STRONG BODYFAULT'S ORBIT

I have damaged—
caused damage in the clock orbit
Glass breaks into the day
comes out of its notch and pains
in a maybe knee, skeleton

It has been heard hard in the sound
a bodyfault's rupture
is strong to loosen the back
so strong in wrong skeleton
It is so strong to loosen
the concentration's orbit
and balance

There is a system
of a line along day and night
where the will's twitch tracks
The word's language horror
It can be heard in the world's language horror:
the tongue is death cold

Now I am on the loose and dangerously
I hang, cannot be talked
must body despite the crooked

Det vill störta ut fallgråt
bakom ansiktets hjärna
men tungan är döden kall

Det finns ingen plats nu åt fästet
Det finns ingen ögla åt fästet
skelettet förfrossas
men ytor med hulling
håll katatoni

Varje dygn görs spår
för skelettets ögas fötter
luften lägger sig en ränna
åt ansiktets hjärna att segla i
Men om jag haltar
reduceras i kroppslängd
knäleds fel och smärta
kan ögat hamna under
sin nivå av ledljus

På hälften spöktunn andning
förbjudelsens förblyande
fel hack i lägets låsning
och snedden håller
kroppens skiva, hastighet

It wants to rush out fall-weep
behind the face's brain
but the tongue is death cold

There is no space now for the hold
There is no eye for the hold
the skeleton is beshivered
with surfaces with barbs
hold catatonia

Every day and night make tracks
for the skeleton's eye's feet
the air makes a groove for itself
toward the face's brain to sail in
But if I limp
reduced in body-height
knee-joint problems and pain
can the eye end up beneath
its line of a skeletal guide lights

In half ghost-thin breathing
the leadening of the ban
wrong notch in the situation's lockage
and the slant is maintained
the body's disc, speed

Provisoriums livsfarlighet
Det blåser ytor genom kroppen
skelettets platsers hårda ordning
raderar hållningen

Skelettpalatsets stränghet
Alldeles litet
har jag gjort mitt sönder

En centiliter sönders spricka vid är världens verklighet

The provisorium's mortal danger
Surfaces blow through the body
the skeleton places' hard order
erases the position

The skeleton palace's strictness
All together small
I have made my broken

A centiliter broken crack is the world's reality

FALLA HÅL

Det finns inga skuggor mellan tingen, det finns hål. Det finns inga ting intill varandra staplade i rena rader. Varje mellanrum en fallgrop in mot stadiet där tingen är om ens ett glitterkaos av sprittande partiklar. Jag har ingen skugga omkring kroppen, jag har sprickor som ska svälja mig.

Jag går in i sången när det sjunger
Jag går in i hörseln när det hör.
Jag går in i hålet och är icke-hål när mekanismen knycklas samman, tingens samband i en ragnarök av suckan, implosion ur världen kring mig.

Det blåser mycket kallt när bakomsidan välter.
Det går in i mig sugs in i mig,
jag bär mitt ingenting på massan av Allt.

Fall Holes

There are no shadows between the things, there are holes. There are no things next to each other stacked in clean rows. Every space between a pitfall, in toward the stage where the things are at once a glitterchaos of sparkling particles. I have no shadow around the body, I have cracks that will swallow me.

I go into the song when it sings.
I go into the hearing when it hears.
I go into the hole and am a non-hole when the mechanisms are crumpled together, the things' relationship in a ragnarök of sighs, implosion out of the world around me.

A cold wind is blowing as the reverse side topples.
It goes into me is sucked into me,
I carry my nothing on the mass of Everything.

Andetag av luft –
Olika grader av lättnad

Breaths of Air –
Varying degrees of relief

I lakunerna är nåden stor att andas.

In the lacunae breathing is a great grace.

GLASHJORT

En glashjort här
grenar knäcks, lårben
Höstlöv samlas kring kroppen här
en isbäck styrker nära

Röda rävar vädrar skugga,
skugga orördglashjort här
En isbäck slickar ben,
höstlöv samlas kallt på plasten

En lårflöjt bryts och brister

110

GLASS DEER

A glass deer here
branches cracked, thigh bones
Autum leaves gathered around the body here
an ice creek strokes close

Red foxes scent shadow,
a shadow untouched glass deer here
An ice creek licks bones,
autumn leaves gather coldly in place

The thighflute breaks and bursts

STÄMMA HARE

Vänta hare
bära hare
bära hare ner mot röstens ljusa vatten

Dämpa hare
döva hare
gå i hare över örats spruckna jord

Tysta hare
rispa hare
sänka hare ner i ögats klara vatten

TUNE HARE

Wait hare
carry hare
carry hare down towards the voice's light waters

Muffle hare
deafen hare
move in hare across the ear's cracked earth

Hush hare
scratch hare
sink hare down into the eye's cold water

MEN JAG GÅR IN I GLAS

Men jag går in i glas
den tunna röken vänder
Jag går i röstens glas
I röstens tunna händer

Men jag går in i glas
går in i spår av händer
går in i röstens glas
där rökens vilja vänder

Men jag går in i glas
den svarta kroppen vänder

BUT I MOVE INTO GLASS

But I move into glass
the thin smoke turns
I move in the glass of the voice
In the thin hands of the voice

But I move into glass
move in tracks of hands
move into the glass of the voice
where the smoke's will turns

But I move into glass
the black body turns

SVARTA DJUR

Där svarta rådjur bräker
där trär jag på mig handen
det blåser genom handen
det rinner genom handen

Där svarta rådjur bräker
jag rinner genom handen
jag måste böja handen
jag måste stävja handen

Jag måste hindra handen
från att röra svarta djur

BLACK ANIMALS

Where black deer bleat
there I pull on the hand
it blows through the hand
it pours through the hand

Where black deer bleat
I pour through the hand
I must bend the hand
I must curb the hand

I must prevent the hand
from touching black animals

Efter strukturgenombrottet:
Sår split av ensamhet mellan segmenten i den tysta organismen,
långsam bäring inför omgrupperingen av komponenter, stark
förvandling under pansar, växlar brytning genom den globala
linsen, fenomenen slår sin klo i hägringen.

Ett embryo som andas och vill växa.
Materialen bidar sin tid.
Materiens mörker är oändligt.

After the structural breakthrough:
Wounds split by loneliness between the segments in the silent
organism, slowly bearing in front of the regrouping of the
components, strong transformation beneath armor, varying in
rupture through the global lens, the phenomena strikes its claw
in the hallucination.

An embryo that breathes and wants to grow.
The materials bide their time.
The darkness of matter is eternal.

DOVREFYLLNING

THE DOVRE FILLING

MARE IMBRIUM

Maskinerna krossas mot berget. De nedlagda dagbrottens sjöar och reservoarer. Här går en tydlig underjordisk gräns, en tunnelflöjt av svaga fågelröster.

Till kraterkanten, Alexander, ljusa Alexander. Min lättnadsfjäril, mageinstrument, vi äter döda djur, är det ett djur av kött vi äter, är det människa människoid, *ditt svarta kranium.* Ett fladderminne, Doverfyllning, *radulan*, vi parar mig som sniglar x 2: hermafroditiskt dubbeljag.

Hör svarta rådjur bräker, vi har rört vis svarta djur. Där döden av en människa syns ligga ensam kvar i Mylingskavet. Tills kraterfågeln pickar människan ur bröstkorgskorgen.

Och Alexander, vi går genom Bosnien av gravar, mörkt *beyond.* Men du är ljus och blind och kall och egendomligt blond. Och Alexander, vi går längs och genom kraterkanten i en rök av starka gravar. Men du kan inte höra molnen rossla, höra gnagandet från skifferkvarnar lagren under skorpan. Men du kan inte höra eterfågeln kraterfågeln viska dubbla namn.

Vi äter döda djur om de är djur och sniglar (*Zachris...*) och kadaver, renskrapade bröstkorgskorgen, radulan mot torkat hanskinn, kraterfågeln cirklar.

Mare Imbrium

The machines are crushed against the mountains. The lakes and reservoirs of shutdown day quarries. Here runs a visible underground border, a tunnel flute of weak bird voices.

To the crater's edge, Alexander, light Alexander. My lightness butterfly, belly instrument, we eat dead animals, is it an animal of flesh we eat, is it a human, humanoid, your *black cranium.* A flutter memory, Dovre filling, the *radula*, we mate me like snails x 2: hermaphroditic double self.

Hear black deer bleat, we have touched black animals. Where the death of a human is seen lying alone in the Myling Shaft. Until the crater bird pecks the human out of the ribcage cage.

And Alexander, we walk through Bosnia of graves, dark *beyond.* But you are light and blind and cold and strangely blond. And Alexander, we walk along and through the crater's edge in the smoke of strong graves. But you cannot hear clouds rustle, hear the grinding of slate mills strata beneath the crust. But you cannot hear the etherbird craterbird whisper double names.

We eat dead animals if they are animals and snails (*Zachris...*) and cadavers, the clean- scraped ribcage cage, the radula against dried male-skin, the craterbird circles.

Och eterfågeln svävar uppåt spjutfärgad och krökt i tiden/
rummet.

And the etherbird hovers up spear-colored and wrenched in time/space.

EONER

Schatteringar i Dovre och schatteringar i ansiktsluften vid dig. Du vrider mig med dina händer och en geologisk spricka rusar genom ansiktsluftens båge. Du skrapar sakta loss den döda ytan över huden. Du rör mitt ansikte så mörkt och mina hårda ögon ser dit kranium. I rymden mellan honkön hankön mina ögon ser ditt svarta kranium.

Kom närmare och bort vi gå.
Kom närmare och gå i parallella latituder.
Kom närmare och lyssna utåt mot tentakelstadens virvlar.

Det drar fantomer genom mörko lande här. Ett vinterdrag av fågel lämnar kroppens tomrum öde. En hårdhänt fågel styr mitt ansikte med skuggan av sin vingesmärtas vinge. En geologisk spricka öppnar sig i hjärtmassivet. Känn magnetismens joner suga cellerna ur deras tunga höljen.

Han faller långsamt inåt genom dödstysta eoner. Han faller långsamt inåt genom mörkerlagda vinklar. Och jag ska överlämnas ensam åt den svarta snäckan. Men Alexanders sidled blond, oändligt ensam vid mig. En djuroid, en lika människa som jag där ragnaröken lungas över tysta kraterländer.

Friktionen viker sina parallella kanter slutligt upp.
Där kaos är fäste slutligt stilla upp.

EONS

Shadings in Dovre and shadings in the face-air next to you. You contort me with your hands and a geological crack bursts through the bow of the face-air. You scrape slowly loose the dead surface across the skin. You touch my face so darkly and my hard eyes see your cranium. In the space between she-genitals and he-genitals my eyes see your black cranium.

Come closer and away we go.
Come closer and go into parallel latitudes.
Come closer and listen outward toward the tentacle city's whirls.

Phantoms sweep through darkful lands here. A winter draft of birds leaves the body's cavity empty. A rough bird steers my face with the shadow of its wing-pain's wing. A geological crack opens up in the heart massif. Feel the magentism's ions suck cells out of their heavy sheaths.

He falls slowly inward through dead-silent eons. He falls slowly inward through darkened angles. And I will be delivered alone to the black shell. But Alexander's sideway blond, eternally alone with me. An animaloid, a person as much as me where ragnaröken is calmed over silent crater countries.

The friction folds its parallel edges finally up.
Where chaos is earth's hold finally motionlessly up.

SYNFÄLT

Hur samma lövet lossnade från trädet åter. Vi rörde benpipan tillsammans, lyfte långsamt svaga skenben, händerna var handskar, tunna puderhudar, lugna varelser av halvdröm halvkött. Den klara luften snördes samman runt omkring oss. Jag kan förstå att döden av en människa ska alltid sväva kring oss.

Allt måste någonstans ta vägen. Där tingen saknar hemvist går de in i oss som öppna sprickor har. Där går de in i oss som är två kanske individer och har hålrum mellanrum i rösten vid oss. Det är ett vågspel att uttala skiktens oro namn. Det är ett vågspel att se tingen vrida sig och söka fäste.

Den blick man möter lossnar aldrig mer ur blicken. Med dina sinnen upprörda av alltför skiktad blick. Vi lyfter skenben som blir lätta av att lämna kroppen. Vi är i lättnad och ska inte gå tillbaka dit där kroppen bär oss.

Vi rörde benpipan tillsammans, märgludd fastnade på dina elva fingrar. Det var den hösten vädret slog så fel i atmosfären. Hur förutse att mönstret övermannar verkligheten? Hur veta att man iakttar partiklar tills de ändrar form?

Allt måste någonstans ta vägen i den stora omfördelningens logik. Allt måste omvärderas trots att dimensioner bryter. När

VISIONFIELD

How the same leaf came loose from the tree again. We touched the bone pipe together, lifted slowly fragile shinbone, the hands were gloves, thin powder-skins, calm creatures of half dream half meat. The clear air was tied together all around us. I can understand that the death of a human will always hover around us.

Everything has to go somewhere. Where the things have no home they move into us who have open cracks. There they go into us who are two maybe individuals and have a cavity inbetween space in the voice next to us. It is a gamble to pronounce the strata's anxiety names. It is a gamble to see things contort and seek a hold.

The gaze one meets will never disappear from one's gaze. With your senses stirred from a too-stratified gaze. We lift the shinbones that have become light from being removed from the body. We are in lightness and will not go back to where the body bears us.

We touched the bone pipe together, marrow fuzz stuck to your eleven fingers. It was the autumn when the weather came wrong in the atmosphere. How to predict that the pattern will overwhelm reality? How to know that one is watching particles until they change form?

materialen lämnar avgrunder i svackan efter sin förflyttning. Det finns alls ingenstans att dö i konkretionens spegelsalar. Men jag ska möta blicken aldrig lossa grepp om blicken. Jag ska i skiktens oro läsa materialens hjärna.

Jag ska i blickens oro härbärgera de nervösa tingen.

Everything has to go somewhere in the logic of the great redistribution. Everything must be reevaluated even though the dimensions are breaking. When matter leaves chasms in the hollow after its removal. There is nowhere at all to die in the mirror halls of concretion. But I will meet the gaze never lose hold of the gaze. I will reach into the strata's anxiety to read matter's brain.

I will reach into the gaze's anxiety to shelter the nervous things.

KRYPTOGRAM

"Det krävs en oändlig precision för att kunna
frilägga en bana i kaos."

Forcerar kraniefossilets ristningar och svårtydbara chiffer. Det oljesvarta vattnet, brottytans och bottnens hårda sköldar, flak. Sitt kranium och senorna av brosk från muskelfästet in i stenen. Spår efter ansiktet av vävnad, väv av ansikte som nötts och tuggats ner av skifferkvarnen.

Tretusen år av tid och rum i tysta cyberrymder.
Tretusen år av särad tid som sänder sina svaga Dovrehymner.

Maskinens händer söker gnager genom tomma Intets inte massa. Det går ett eko genom efterekot genom hemlighetens hjärna. Det går ett eko genom efterekot av ett dämpat, bortstött namn.

Här upphör klangens klinga mot den slutna chifferstenen. Här upphör ekots klinga mot ett slutet ansiktsnamn. Här väver senorna en katedral av tecken ur Pangeas dolda kärna. Här lyser kraniet i minnet av maskinens ansiktsdrag.

Maskinen sökmaskinen söker pinad genom tunnlarna och rören. Hör kraterplogen, broskmaskinen plöja skovlar genom lägets

CRYPTOGRAM

> "An extreme precision is needed
> to uncover an orbit in chaos."

Intensify the carvings and codes of the cranium fossil. The oil-black water, the hard shields and slabs from the break surface and the bottom. Your cranium and tendons from the muscular hold in the stone. Traces of the face of tissue, tissue of a face that has been worn and chewed up by the slate mill.

Three thousand years of time and space in the silent cyber space. Three thousand years of separated time that emits its weak Dovre hymns.

The machine's hands search gnaw through empty Nothing's not mass. An echo runs through the after-echo through the secret's brain. An echo goes through the after-echo of a muffled, rejected name.

Here the clang's chime ceases against the closed slate stone. Here the echo's chime ceases against the closed face-name. Here the tendons weave a cathedral of signs from Pangea's hidden core. Here the cranium glows in the memory of the machine's facial features.

låsning. Där kraterfågeln spetsar lägets låsning på sin frontspets. I skuggmönstret av efterekots revbenstorn och överlagringskoder.

Jag öppnar schakt, jag blottlägger kategorier, mineraler, Jag snittar ansiktsmunnar, öppnar sår som läkte sig vid andra änden tiden, Jag sprättar ärr, jag läser skåror skorporna från hornhuden och lädret, separerar skikten ifrån ytan utav tingen.

Tretusen år av sårad tid i ekots tomma rymder.
Tretusen år av saknad under etermolnens tyngder.

Skelettets chiffer ropar mig tretusen år av dunkelt bortglömt namn. Rekonstruerar skuggspelet av minnesbankens kastbyar och flagor. Ska bygga ansiktet i sökmaskinens hjulspår genom andedrag av anrop genom den labila ljusårstiden.

Ska pressa ansiktet ur lösenordet i den lömska tiden.

The machine the search machine searches tortured through tunnels and pipes. Hear the crater plow, the tendon machine plow shovels through the situation's lockage. Where the crater-bird sharpens the position's lockage with its point. In the shadow pattern of the after-echo's ribcage storm and encrustation codes.

I open shafts, I expose categories, minerals. I slit face-mouths, open wounds that heal on the other side of time. I gash scars, I read grooves, scrape the crusts from the outer skin and leather, separate the strata from the surface of the things.

Three thousand years of wounded time in the echo's empty space.
Three thousand years of yearning beneath the ether cloud's hefts.

The skeleton's crypt calls me three thousand years of obscure forgotten names. Reconstructs the shadow play of the memory bank's gusts and flakes. Will build the face in the search machine's wheel tracks through the breaths of calls through the labile lightyear time.

Will press the face out of the password in the illicit time.

Du stränga kärna härskar över berg och cyberdalar. Frekvensen
är en annan nu, de spridda skikten strålar in mot navet nu, det
solitära plöjer sina käkar genom etern.

Snäckans gravvalv, materialen andas.
Materiens mörker är formlöst.

You strict core rule over mountains and cyber valleys. The frequency is different now, the scattered strata radiate in toward the center now, the solitary plows its jaws through the ether.

The shell's tomb, materials breathe.
The darkness of matter is formless.

ANTIKROPP

ANTIBODY

BEFÅGLAD, ÖVERGIVANDE

Befåglad, övergivande,
drar loss din djupa klo ur mig.
Men, Alexander, kalltid följs av kalltid
som pol förstärker pol och kyla ökar kyla

Men, Alexander, is förstärker is
som du är vingen; växer ut till fågel.
Den tredje vingefågeln växer ut ur mig,
drar loss sin sista rot ur mig.

Ett vingskelett, en fågelvingefjäder
sugs åratal igenom tunneltiden
Men, Alexander, avstånd ökar avstånd
som kyla kyla

BEBIRDED, ABANDONING

Bebirded, abandoning,
pull your deep claw out of me.
But, Alexander, cold time is always followed by cold time
just as pole strengthens pole and cold raises cold

But, Alexander, ice strengthens ice
as you are the wing; grows out to become bird.
The third wing-bird grows out of me,
pulls its last root out of me.

A wing skeleton, a wingbird feather
is sucked for years through tunnel time
But, Alexander, distance increases distance
as cold intensifies cold

SJÄLVDÖD

Litet hål i svarta snäckan
sticker in det smala sprötet
suger snigelköttet ur dig
suger snigelköttet ur mig

Sväljer snigeltarmen glänser
suger saften ur polypen
uppkräks köttet blekt och andas
köttet ligger blekt och andas

Långsamt pulsslag genom märgen
Zachris, fostersnigeln andas
snigelfostret föds och blöder,
ligger dött och dör och föder

Böjer mig membran i båge
näringskedjan är en cirkel
sluter munmuskeln om spetsen
suger sista saven, musten

ur min övergivna självkropp

SELFDEAD

Little hole in the black shell
jabs in the thin probe
sucks the snail flesh out of you
sucks the snail flesh out of me

Swallows the snail intestine glows
sucks the nectar out of the polyp
pukes up the pale flesh and breathes
the flesh lays there pale and breathes

Slow pulsations through the marrow
Zachris, the fetus snail breathes
the snail fetus is born and bleeds,
lies there dead and dies and births

Bends me membranous in an arc
the nutrition chain is a circle
closes mouth muscle around the tip
sucks the last sap, the must

out of my abandoned selfbody

VÄTESÅNGEN

Vätesången väser i mig
snigelköttet lämnar snäckan
Ivo drar sitt minne ur mig
snäckan sluter sig omkring mig

Vätesången växer i mig
snigelköttet sugs ur snäckan
Ivo drar kontakten ur mig
snäckan spänner sköld omkring mig

Rusningar, partikelsången
tomma intet fyller snäckan
Jag står fastfrusen vid rummet
kroppsupplöst i skuggan, kölden.

Katedralen imploderar
plöjer händer genom vakuum
vätesången töms på närhet
studsar blind mot snäckans väggar

Jag är ensamhet i skalet
jordklotet trycks ut ur kroppen
kvarlevor i ekotemplet
ta isär mig lämnad ensam

THE HYDROGEN SONG

The hydrogen song hisses in me
the snail flesh leaves the shell
Ivo drags his memory out of me
the shell encloses me

The hydrogen song grows in me
the snail flesh is sucked out of the shell
Ivo pull the plug out of me
the shell tightens shield around me

Rushes, the particle song
empty nothing fills the shell
I stand frozen in the room
bodydissolved in the shadow, the cold

The cathedral implodes
plows hands through vacuum
the hydrogen song is emptied out of nutrition
bounces against the shell walls

I am loneliness in the husk
the earth globe is pressed out of the body
remains in the echo temple
pull apart me left alone

Hemligheten massakrerad,

lämna mig med tystnad ensam

The secret massacred,

leave me with silence alone

IMMATERIA

Materia lever.
Materia är ren ondska.
Materia kompakt och resistent.

Här saknas utrymme för kompromisser.

Men vi.

Detta tjurskalliga släkte av Aase-vi.
Vi griper genen rider genen genom årens lösa oår.

Missbildningen ska härja världen sönder.
Vi spränger genen:
vanskapthet är makt.

Materia är ren ondska,
vanskapthet ren vilja;

motvilja—

Immateria?

148

IMMATERIAL

Matter lives.
Matter is pure evil.
Matter compact and resistant.

There is no space for compromise here.

But we.

This pigheaded species of Aase-we.
We grip the gene ride the gene through the years's loose unyears.

The malformation will tear the world apart.
We explode the gene:
Deformity is power.

Matter is pure evil,
deformity pure will;

againstwill—

Immaterial?

Spiralen labyrinten katedralen
Den svarta snäckans schakt
av mörk materia

Djupt in i hörseln under havet
ska sinnet slipas skarpt
mot bräckliga frekvenser

Jag spänner luren utåt mot
de svaga etermolnen
men där finns ingenting
som tar emot av röster

Och Zachris, Ivo, Alexander—
ni ska se mig bryta loss
den svarta snäckan nu
kvar ligger snigelköttet
blekt och övergivet nu

och jag ska sväva ensam inåt
i den svarta snäckan

The spiral the labyrinth the cathedral
The black shell's shaft
of dark matter

Deep in the hearing beneath the ocean
the mind will be polished sharp
against brittle frequencies

I fasten the horn downward toward
the thin ether clouds
but there is nothing
that pushes back with voices

And Zachris, Ivo, Alexander—
you will see me break loose
the black shell now
the snail flesh remains
pale and abandoned now

and I will hover alone into
the black shell

Och jag ska sväva ensam i mig i den svarta snäckan, Aase

And I will hover alone in me in the black shell, Aase

THE AUTHORS

Aase Berg published her first book, *With Deer*, in 1997. Since then she has written five more books of poetry, including *Liknöjd Flora*, which won Aftonbladet's prestigious literary prize for best book of the year; one book of criticism, *Uggla*, which won the Lagercrantzen Prize for best book of criticism; and a young adult novel, *People-Eating People from Märsta*. In 2008, she was awarded the prestigious NC Kaserpreis in Germany. Other books translated into English include *Remainland: Selected Poems of Aase Berg*, *Transfer Fat*, and *With Deer*.

Johannes Göransson is the author of five books: *Dear Ra, A New Quarantine Will Take My Place*, *Pilot*, *Entrance to a colonial pageant in which we all begin to intricate*, and *Haute Surveillance*. He has is also the translator of many books, including four books by Aase Berg, *Ideals Clearance* by Henry Parland and *Collobert Orbital* by Johan Jönson. He co-edits Actions Books and participates in the collaborative blog Montevidayo.com. He is an assistant professor in the English Department at the University of Notre Dame.